Cu̶a̶ A Ser Hombre

Estudio Bíblico

James Daughtry

Abidan

Copyright © 2016
James Daughtry y Claudia Bello de Daughtry
Foto de la portada por Paul Tanzer
Todos los derechos reservados
Publicado por Abidan EE.UU.
Publicado originalmente en inglés
bajo el título When I Became A Man
www.abidanbooks.com
ISBN-13: 978-0-9850371-1-6
ISBN-10: 0985037113

A Kenneth G. Smith,
cuyo libro *Aprendiendo a Ser Hombre,*
me ayudó cuando era un joven
y me inspiró a escribir este libro.

Agradecimientos

A mi esposa Claudia, por su ayuda y su apoyo con la traducción en español. También, a mis amigos:

Esther Zavala
Najor Morales
Juanita Chacón
Aurelio y Lupe Orozco
Alfa Mendoza Espinoza

Contenido

Introducción 9
Instrucciones 11
Capítulo 1 Dios Y El Hombre 13
Capítulo 2 El Hombre Perfecto 21
Capítulo 3 El Hombre Y Sí Mismo 29
Capítulo 4 El Hombre Y Los Hombres 39
Capítulo 5 El Hombre Y Las Mujeres 49
Capítulo 6 El Hombre Y El Trabajo 57
Capítulo 7 El Hombre Y La Sabiduría 65
Capítulo 8 El Hombre Y Los Músculos 77
Capítulo 9 El Hombre Y El Matrimonio 85
Capítulo 10 El Hombre Y La Vida Espiritual 95
Bibliografía 107
Notas 109

Introducción

Un hombre no es un hombre simplemente por su anatomía física. Un hombre no llega a ser hombre por alcanzar una cierta edad, por acostarse con una mujer, por servir en el ejército, por graduarse de la universidad, o por casarse. Un hombre llega a ser un hombre cuando llega a ser lo que Dios designó que él sea.[1]

Dios creó al hombre con un diseño y un propósito específico. Por lo tanto, los hombres tienen que seguir los principios que Dios ha establecido en su palabra para cumplir realmente el papel de un hombre. Esto no es una tarea fácil debido a que Satanás continuamente trata de distorsionar nuestro entendimiento de lo que Dios designó para el hombre.

En 1 Reyes 2:2-3, las últimas palabras del rey David a su hijo Salomón fueron que él debía ser fuerte, portarse como hombre, y seguir los mandamientos de Dios. En estos versículos, el rey David le da a Salomón instrucciones para cumplir el papel de hombre. Primero, él enfatizó que Salomón necesitaba ser fuerte, refiriéndose a la fuerza interna, después, resaltó que Salomón debía portarse como hombre, refiriéndose a su proceder y finalmente, el rey David indicó que Salomón debía seguir los mandamientos de Dios, refiriéndose a su relación con Dios.

Las instrucciones que el rey David le dio a Salomón son palabras que todos los hombres necesitan escuchar. Proverbios 20:6 declara: "Muchos hombres proclaman cada uno su propia bondad, pero hombre de verdad, ¿quién lo hallará?"

Es cierto que un hombre fiel es difícil de encontrar pero, Dios nos ha dado su palabra que puede transformarnos en los hombres que Él designó que fuéramos. Por lo tanto, vamos a estudiar con diligencia los principios y ejemplos que Dios ha provisto en su palabra para que podamos portarnos como hombres.

Instrucciones

Este libro se puede usar como estudio bíblico personal, sin embargo, un hombre tendrá una comprensión más completa del material si estudia en un grupo o con otro hombre. Se recomienda el siguiente formato para un grupo.

1. Antes de la reunión, cada hombre debe:
   - Leer la sección escrita al inicio del capítulo para tener una buena idea de lo que se trata el capítulo.
   - Buscar los versículos bíblicos y escribir sus respuestas a las preguntas.

2. Cuando el grupo se reúna, los hombres deben:
   - Discutir la sección escrita al inicio del capítulo.
   - Tomar turnos para leer las preguntas y los versículos bíblicos en voz alta y compartir sus respuestas.
   - Dejar tiempo para comentarios, preguntas, o una breve discusión.

3. Cuando el grupo termine un capítulo, algunos hombres deben tratar de dar un breve resumen del capítulo.

Capítulo 1

Dios Y El Hombre

El punto de partida para entender el propósito del hombre está en la Biblia, comenzando con el libro de Génesis. Está escrito en Génesis 1:26-28 que Dios creó al hombre a su imagen y semejanza. El hombre por este hecho es único porque ninguno de los animales o cualquier otra cosa en la creación está hecho a la imagen y semejanza de Dios. Además, Dios le dio al hombre el dominio y la autoridad sobre: "los peces del mar, en las aves de los cielos, y en todas las bestias que se mueven sobre la tierra." Por lo tanto, Dios exaltó al hombre por encima de toda la creación.

Después de que Dios crea a Adán, podemos ver que Adán inmediatamente refleja a su Creador, así como Dios dio nombres a su creación, Adán empieza a dar nombres. También, Adán refleja a su Creador con respecto al trabajo, así como Dios trabajó en la obra de crear al mundo, Adán trabaja en el huerto del Edén.

En los primeros tres capítulos de Génesis, vemos que Dios pone un alto grado de responsabilidad en el hombre. Aunque el reto para el hombre es grande, Dios lo creó con un intelecto extraordinario y la capacidad que le permitiría cumplir con su papel. Sin embargo, muchos hombres lamentablemente tienen un mal entendido acerca de su papel. Otros hombres simplemente niegan las responsabilidades que Dios les ha dado. Como resultado, muchos no están cumpliendo con su papel como hombre. El elemento clave para ser un hombre es tomar las responsabilidades que Dios ha establecido para él a lo largo de la Biblia.

Antes de responder las siguientes preguntas, lea atentamente los tres primeros capítulos de Génesis. La gente suele leer rápidamente el inicio de un libro porque quiere llegar al tema principal, sin embargo, si no entiende completamente el principio, el lector nunca entenderá y apreciará completamente el libro. Del mismo modo, para entender lo que Dios quiere que el hombre sea, debemos empezar por examinar cuidadosamente los primeros capítulos de Génesis.

1. Basado en Génesis 1:27, ¿qué actitud debe tener un hombre de sí mismo, así como con los demás hombres y mujeres?

2. Explique en sus propias palabras el significado de cada parte del mandamiento en Génesis 1:28.

3. En Génesis 2:5 y 2:15, ¿cuáles son las razones por las que Dios creó al hombre?

4. En Génesis 2:18, ¿por qué Dios creó a la mujer?

_____

_____

_____

5. ¿Cuáles son los nombres que Dios dio en los siguientes versículos?

Génesis 1:5 _____

_____

Génesis 1:8 _____

_____

Génesis 1:10 _____

_____

Génesis 5:2 _____

_____

6. ¿Cuáles son los nombres que el hombre dio en los siguientes versículos?

Génesis 2:19 _____

_____

Génesis 2:23 _____

_____

Génesis 3:20 _____

_____

¿Cómo son las acciones de Adán similares a las acciones de Dios?

_____

_____

_____

_____

7. En Génesis 2:16-17, ¿qué instrucción específica le da Dios directamente al hombre?

_____

_____

8. De acuerdo con Génesis 3:17, ¿cómo falló el hombre al no cumplir con su responsabilidad?

_____

_____

_____

_____

9. Escriba cada una de las consecuencias para los hombres y las mujeres debido a este acto de desobediencia en Génesis 3:16-19.

_____

_____

_____

_____

¿Estas consecuencias existen hoy en día? Explique.

_____

_____

_____

_____

10. ¿Existen diferencias entre el papel bíblico del hombre y la imagen que tiene la sociedad acerca del hombre? Explique.

_____
_____
_____
_____
_____

11. Si el hombre no está cumpliendo su papel, entonces su comportamiento está en contra del plan de Dios. ¿Cómo ha cumplido o no ha cumplido usted las responsabilidades que Dios le ha dado como hombre?

_____
_____
_____
_____
_____
_____
_____
_____
_____

Capítulo 2

El Hombre Perfecto

Jesucristo es el ejemplo perfecto de un hombre y no hay otro modelo mejor para nosotros a seguir que Él. Richard Halverson declara:

> Esta es una paradoja básica en la escritura, que entre más el hombre sea como Jesús, más un hombre será, y entre menos sea como Jesús, menos un hombre será. La medida de la masculinidad del hombre es la medida de su semejanza a Dios. Como Dios originalmente creó al hombre, sólo Dios puede desarrollar la masculinidad del hombre.[2]

Cristo vivió en la tierra como un hombre con los deseos, las tentaciones, y las luchas que los hombres tienen, sin embargo, Él era perfecto, sin pecado. A menudo, se nos dificulta ver a Cristo como un hombre porque pensamos en Él sólo como Dios, entonces, cuando leemos de Cristo en la Biblia, necesitamos ver su humanidad y la manera en que Él vivió como hombre. Al ver a Cristo como hombre, nos ayudará a entender mejor lo que Dios designó para el hombre.

Hay muchos eventos en la vida de Cristo que muestran las cualidades masculinas que necesitamos tener como hombres. Sin embargo, la última demostración de su hombría probablemente se puede ver en los hechos un poco antes y durante su crucifixión. Mientras que Cristo estaba en el jardín del Getsemaní experimentando una profunda angustia, su oración mostró su compromiso de cumplir con la responsabilidad que el Padre le había dado. Más tarde, a pesar de las mentiras, los insultos, las burlas, y los golpes, Cristo pudo mantener la calma. Por último, Cristo terminó la obra que se propuso hacer al ir al Calvario y sufrir una muerte horrible en la cruz. A través de estos eventos, Cristo nos muestra la determinación, la pasión, el autocontrol, la valentía, y la sabiduría, todas estas cualidades que como hombres necesitamos desarrollar.

A pesar de estas fuertes cualidades masculinas mostradas por Cristo, Él también era sensible. Cristo permitió que la gente les llevara a los niños pequeños y Él oraba por ellos. Cristo tenía misericordia de la gente y les confortó con sus palabras. Él tocó a las personas y sanó sus enfermedades. Jesucristo demostró ternura, sensibilidad, compasión y simpatía, sentimientos que a nosotros como hombres muchas veces nos faltan.

Jesucristo es presentado claramente en la Biblia para que podamos ser como Él. Nosotros tenemos que estudiarlo y observar los detalles de su comportamiento como hombre. Él es la imagen que debemos tener en nuestras mentes cuando pensamos en cómo debe de ser un hombre verdadero.

Los siguientes versículos de la Biblia muestran a Cristo, el hombre perfecto. Al leer los versículos y contestar las preguntas, trate de ver a Jesucristo de la manera en que la gente en la Biblia lo vio.

1. La gente en la Biblia claramente vio a Cristo como un hombre. Escriba las personas que dijeron que Cristo era un "hombre" en los siguientes versículos. (Revise si se utiliza la palabra "hombre.")

Mateo 26:72-74 _____

Marcos 15:39 _____

Juan 1:30 _____

Juan 4:28-29 _____

Juan 7:46 _____

Juan 8:39-40 _____

Juan 9:10-11 _____

Juan 10:31-33 _____

Juan 19:5 _____

1 Timoteo 2:5 _____

¿Los versículos anteriores le ayudaron a ver mejor a Cristo desde la perspectiva de la gente en la Biblia? Explique.

_____

_____

_____

_____

2. ¿Cuáles son las cosas que Cristo hizo o experimentó en los siguientes versículos?

Mateo 4:2 _____

Mateo 8:10 _____

Mateo 8:24 _____

Mateo 17:17 _____

Mateo 26:38 _____

Marcos 8:2 _____

Juan 4:6 _____

Juan 4:7 _____

Juan 11:35 _____

Juan 13:1 _____

¿Los versículos anteriores le ayudaron a ver a Cristo como hombre? Explique.

_____
_____
_____
_____

3. ¿De qué manera enseñan los siguientes versículos que Cristo fue un hombre como nosotros?

Romanos 1:3 _____

_____

Colosenses 2:9 _____

_____

4. Describa la vida de Cristo basado en Hebreos 5:7-9.

_____
_____
_____
_____

5. Según Hebreos 4:15, ¿por qué Cristo puede entender cada una de nuestras luchas y por qué Él es el modelo perfecto a seguir para nosotros?

_____
_____
_____
_____

6. Piense en la vida de Jesucristo. Haga una lista de las cosas que Cristo dijo o hizo que nos muestren como un hombre debe comportarse.

_____
_____
_____
_____

7. Basado en el ejemplo de Cristo, explique algunas maneras en las que usted mismo ha mostrado o no ha mostrado ser un hombre.

_____
_____
_____
_____
_____
_____
_____
_____

Capítulo 3

El Hombre Y Sí Mismo

En 1 Corintios 13:11, el apóstol Pablo dice que cuando él era niño, se portaba como niño, sin embargo, él declara: "cuando ya fui hombre, dejé lo que era de niño." El apóstol Pablo indica que cuando empezó a convertirse en hombre, él comenzó a actuar como hombre. Cuando él menciona: "lo que era de niño" lo más probable es que no se refiere a los juguetes o la risa, más bien, se refiere a aspectos tales como el egoísmo y la irresponsabilidad.

Superar el comportamiento infantil es un paso importante para llegar a ser hombre. Charles H. Spurgeon dice: "La etapa más alta de la hombría es no tener ningún deseo, ningún pensamiento, ningún anhelo, sino solo Cristo." [3] Al llegar a ser los hombres que Dios designó que seamos, nuestras mentes se centrarán menos en nosotros mismos y más en ser como Cristo.

Dado que Dios crea a cada hombre de manera diferente, no hay dos hombres exactamente iguales. Cada hombre tiene sus propias fortalezas y debilidades, por lo tanto, cada uno tiene que evaluarse así mismo para ver las áreas de su vida que necesita mejorar. Muchos de nosotros podemos tener en nuestra vida un comportamiento infantil que será muy difícil de cambiar, sin embargo, no debemos desanimarnos porque Cristo vivió en la tierra como un hombre y entiende cada una de nuestras luchas. Nosotros necesitamos mirar a Cristo no sólo como ejemplo, sino como Dios Todopoderoso que es capaz de transformar nuestras vidas.

Mientras que nos esforzamos y luchamos por ser los hombres que Dios designó que seamos, tenemos que mantener la perspectiva correcta de nosotros mismos. Las presiones cotidianas de la vida del hombre muchas veces traen frustración y duda. Durante estos tiempos, debemos darnos cuenta de que hemos sido creados a la imagen y semejanza de Dios, y debemos mantenernos erguidos como hombres. Cristo nos da el ejemplo perfecto. Don Willis declara:

> Jesús se humilló, pero nunca se avergonzó.
> Dejó a un lado su gloria, pero no su

dignidad. Él estaba dispuesto a ser maldecido, pero nunca se maldijo. Él fue despreciado y rechazado por los hombres, pero no se despreció o rechazó a sí mismo. Ninguna palabra de autocondenación salió de sus labios. Jesús creía que el hombre era la creación más grande de Dios y exaltó la hombría.[4]

Como hombres, nos enfrentamos a muchos desafíos y tentaciones a lo largo de nuestra vida. En ocasiones, algunas de nuestras luchas más grandes serán el resultado de nuestros propios deseos infantiles. Los siguientes versículos observan a diferentes hombres en la Biblia y su comportamiento masculino o su comportamiento infantil, sus fortalezas y sus debilidades.

Con el fin de entenderse mejor así mismo y como usted puede cumplir mejor su papel como hombre, considere cuidadosamente los versículos de la Biblia y responda las siguientes preguntas.

1. Describa las luchas o las cualidades negativas que se pueden ver en las vidas de los siguientes hombres.

Nabal, 1 Samuel 25:2-3 _____

_____

_____

Salomón, 1 Reyes 11:1-3 _____

_____

Amán, Ester 3:5-6 _____

_____

Fariseos, Mateo 23:5-7 _____

_____

Demas, 2 Timoteo 4:10 _____

_____

¿Puede detectar algunas de estas luchas o cualidades negativas en su propia vida? Explique.

_____

_____

_____

2. Escriba otros hombres de la Biblia que tienen luchas o cualidades negativas.

_____

_____

3. Describa las cualidades positivas que se pueden ver en las vidas de los siguientes hombres.

José, Génesis 39:7-12 _____

_____

Centurión, Mateo 8:5-9 _____

_____

Lucas, Lucas 1:1-4 _____

_____

Esteban, Hechos 7:59-60 _____

_____

Cornelio, Hechos 10:1-2 y 10:22 _____

_____

Apolos, Hechos 18:24-28 _____

_____

Publio, Hechos 28:7 _____

_____

¿Puede detectar algunas de estas cualidades positivas en su propia vida? Explique.

_____

_____

_____

4. Escriba otros hombres de la Biblia que tienen cualidades positivas.

_____

_____

5. Describa cómo se sentía el apóstol Pablo en Romanos 7:15 y 7:19.

_____

_____

_____

¿Se ha sentido alguna vez como se sintió el apóstol Pablo? Explique.

_____

_____

6. ¿Qué esperanza nos da el apóstol Pablo en Filipenses 1:6?

_____

_____

_____

7. ¿Cuál es la debilidad que Moisés dice que tiene en Éxodo 4:10?

_____

_____

_____

8. ¿Qué está escrito en Hechos 7:22 acerca de Moisés?

_____

_____

_____

9. ¿Qué debilidad tenían Pedro y Juan según Hechos 4:13?

_____

_____

¿Cómo no los limitó esta debilidad?

_____

_____

10. ¿Qué debilidad tiene Timoteo en 1 Timoteo 5:23?

_____

_____

11. Parece que Timoteo tenía varias debilidades, no obstante, ¿cómo lo llama el apóstol Pablo en 1 Timoteo 6:11?

_____

_____

12. El apóstol Pablo habla acerca de las debilidades que pueden hacernos más fuertes. En sus propias palabras, explique lo que él dice en 2 Corintios 12:7-10.

_____

_____

_____

13. Haga una lista de sus fortalezas y debilidades, las cosas que hace bien, así como las áreas de su vida que necesita mejorar.

_____

_____

_____

_____

_____

_____

_____

Capítulo 4

El Hombre Y Los Hombres

En nuestra sociedad moderna, los varones quieren ser considerados hombres a una edad temprana y la mayor parte del tiempo es así. Llamar a un joven "niño" o "hijo" y no referirse a él como un "hombre" puede ser ofensivo. Sin embargo, esto es muy diferente de lo que vemos en la Biblia. En el libro de Proverbios, el maestro se dirige continuamente a su alumno como "hijo." Del mismo modo, el apóstol Pablo utiliza el término "hijo" con Timoteo. En ambos casos, ellos probablemente se están refiriendo a un hombre joven, pero aparentemente el término "hijo" no los ofendía. Los varones no fueron considerados hombres completamente hasta que estaban alrededor de los treinta años de edad. La hombría se alcanzaba después de haber crecido en sabiduría y entendimiento.

Un principio que se puede ver por toda la Biblia es el de los hombres mayores enseñando a los hombres jóvenes. Dado que los hombres mayores han pasado por muchas alegrías y pruebas se considera que tienen una perspectiva mucho más amplia de la vida. Los hombres mayores que han caminado con Dios por muchos años pueden transmitir mucha sabiduría a un joven.

Lamentablemente, en nuestra sociedad, la mayoría de los jóvenes luchan con las cuestiones de ser hombre por sí mismos. Por lo tanto, sus ideas de lo que significa ser un hombre generalmente provienen de lo que aprendieron por su cuenta. Como resultado, muchos hombres desarrollan una imagen distorsionada de lo que significa ser un hombre.

Además de la relación que un hombre tiene con hombres mayores, otra área de gran importancia es la relación con sus compañeros. Un hombre necesita buscar a compañeros de su misma edad que tendrán un impacto positivo en él. David y Jonatán nos proporcionan un buen ejemplo. En el primer libro de Samuel se enseña cómo estos dos hombres se alentaron y desafiaron el uno al otro por su amistad. La Biblia contiene muchos otros ejemplos que nos muestran como los hombres pueden fortalecerse unos a otros.

Proverbios 27:17 enseña que como el hierro se usa para afinar al hierro de una manera similar un hombre se afina con otro hombre. Cada hombre puede beneficiarse por la interacción positiva con otros hombres. Un área vital para los hombres es tener compañerismo con hombres mayores así como con hombres jóvenes que los desafíen a convertirse en los hombres que Dios designó que sean.

Con el fin de comprender mejor su relación con otros hombres, estudie cuidadosamente los siguientes versículos de la Biblia y conteste las preguntas.

1. ¿Cuáles principios se enseñan en 1 Timoteo 5:1 acerca de nuestra relación con otros hombres?

_____
_____
_____

2. Explique lo que dice acerca de los "padres" y "jóvenes" en 1 Juan 2:13-14.

_____
_____
_____

3. ¿Qué enseña 1 Pedro 5:5 a los jóvenes?

_____

_____

4. Explique en sus propias palabras el consejo dado a los hombres jóvenes en Eclesiastés 11:9-12:1.

_____

_____

_____

5. ¿Qué dice Proverbios 3:31 y 24:1 acerca de cómo debe ser nuestra actitud para con los hombres malos?

_____

_____

_____

¿Está haciendo alguna de las cosas que estos versículos dicen que no debemos hacer? Explique.

_____

_____

_____

6. ¿A qué edad comenzó Cristo su ministerio en Lucas 3:23? _____

7. ¿Qué dice en Lucas 2:46 y 2:52 que estaba haciendo Cristo antes de comenzar su ministerio?

_____
_____
_____
_____

¿Esto es significativo? Explique.

_____
_____
_____

8. ¿Qué les pregunta Cristo a sus discípulos que nos muestra que Él entendía que tenía una relación con otros hombres en Marcos 8:27-28?

_____
_____
_____

9. ¿Cómo se identificaron a sí mismos los siguientes hombres?

El criado, Génesis 24:34-35 _____

_____

David, 1 Samuel 17:58 _____

_____

El profeta, 1 Reyes 13:18 _____

_____

Amós, Amós 7:14 _____

_____

_____

Simón Pedro, Lucas 5:8 _____

_____

Pablo, Hechos 21:39 y 23:6 _____

_____

_____

¿Qué nos muestran sus respuestas?

_____
_____
_____
_____

¿Cómo se identifica usted mismo?

_____
_____
_____
_____

10. Cristo escogió a doce hombres para ser sus discípulos más cercanos. Juntos, compartieron muchas experiencias y momentos únicos de compañerismo. Escriba lo que hicieron en los siguientes pasajes.

Marcos 14:22-26 _____

_____

Lucas 11:1-4 _____

_____

Juan 13:3-5 _____

_____

11. ¿Qué problema había entre los discípulos en Lucas 9:46?

_____

_____

Dé un ejemplo de este problema entre los hombres de hoy en día.

_____

_____

_____

12. David y Jonatán fueron los mejores amigos. Su amistad es un ejemplo de cómo los hombres pueden animarse unos a otros. Explique el valor que le dio David a la amistad de Jonatán en 2 Samuel 1:26.

_____

_____

_____

_____

13. Haga una lista de algunos hombres mayores y hombres jóvenes que han tenido un impacto positivo en su desarrollo como hombre y explique cómo lo han hecho.

_____

_____

_____

_____

_____

_____

_____

14. Haga una lista de los hombres mayores y los hombres jóvenes que están impactando su desarrollo como hombre y explique la manera en como lo están haciendo.

_____

_____

_____

_____

_____

_____

_____

Capítulo 5

El Hombre Y Las Mujeres

Dios ha establecido en su palabra muchos principios con respecto a la manera en que Él quiere que los hombres y las mujeres se relacionen. Uno de los pasajes de la Biblia más importante que muestra el deseo de Dios es 1 Timoteo 5:1-2. En estos versículos, el apóstol Pablo le dice a Timoteo que trate "a las ancianas, como a madres; a las jovencitas, como a hermanas, con toda pureza." Nosotros podemos ver en estos versículos que la relación de un hombre con las mujeres mayores debe ser basada en el honor y el respeto, y su relación con las mujeres jóvenes debe estar marcada por la pureza de pensamiento y acción. En ambos casos él debe tener un genuino amor y preocupación por la persona como si fuera un miembro de su familia.

Aunque la relación apropiada con las mujeres mayores es importante para que el hombre tome en cuenta, probablemente la relación más difícil de mantener en una perspectiva correcta es con las mujeres jóvenes. La idea de tratar a las mujeres jóvenes como hermanas y con pureza, normalmente está lejos de la mente de la mayoría de los hombres, sin embargo, esta es la manera en como Dios desea que los hombres piensen con respecto a las mujeres jóvenes. Justo como un hombre se preocupa por su propia hermana, de la misma manera, él debería preocuparse por el bienestar de las mujeres jóvenes. La mayoría de las mujeres jóvenes probablemente verán este comportamiento como extraño, pero la mujer piadosa reconocerá que esta es la manera en que Dios quiere que los hombres y las mujeres se comporten.

Dios ha establecido en su palabra otros principios con respecto a los roles distintos de los hombres y las mujeres. Él ha creado a cada uno de manera única para cumplir propósitos específicos. El hombre tanto como la mujer tiene un rol muy importante, pero muy diferente. Por lo tanto, si alguno no está cumpliendo con su rol, dejará un lugar vacío.

Los diferentes roles de los hombres y las mujeres son parte del plan de Dios para que los hombres y las mujeres dependan unos de otros. La interdependencia de los hombres y las mujeres y nuestra dependencia de Dios está ilustrada en 1 Corintios 11:11-12, "Pero en el Señor, ni el varón es sin la mujer, ni la mujer sin el varón; porque así como la mujer procede del varón, también el varón nace de la mujer; pero todo procede de Dios." El hombre y la mujer que temen a Dios se darán cuenta de la importancia del rol de cada uno y estudiarán la palabra de Dios para saber cómo los roles deben ser cumplidos.

Las siguientes preguntas tienen que ver con algunos versículos importantes con respecto a los roles y las relaciones de los hombres y las mujeres. Se logrará una mejor comprensión del deseo de Dios para los hombres y las mujeres al examinar cuidadosamente estos versículos.

1. Lea 1 Timoteo 5:1-2. Escriba algunos ejemplos prácticos de cómo los hombres deben tratar a:

Las mujeres mayores

_____

_____

Las mujeres jóvenes

_____

_____

2. Lea Juan 19:25-27. ¿Por qué cree usted que Cristo dijo eso?

_____

_____

_____

3. ¿Qué palabra se usa con la mujer en Romanos 16:1 que describe un tipo de relación familiar?

_____

4. Lea Proverbios 7:6-27.

¿Cómo se describe este hombre en el versículo 7?

_____

_____

_____

¿Cuál es una de las formas principales en que la mujer lo seduce en el versículo 21?

_____

_____

¿De qué manera debiera ser una advertencia para nosotros el versículo 21?

_____

_____

_____

Escriba algunos ejemplos de cómo puede seguir los consejos dados en los versículos 24-25.

_____

_____

_____

5. ¿Cómo enfatiza 1 Corintios 7:1-2 la idea de pureza con respeto a las mujeres?

_____

_____

6. ¿Qué cualidad es considerada la más importante en la mujer según Proverbios 31:30?

_____

_____

7. ¿Cómo son diferentes los hombres y las mujeres según 1 Corintios 11:7-10?

_____

_____

_____

_____

_____

8. ¿Cómo son parecidos los hombres y las mujeres según 1 Corintios 11:11-12?

_____

_____

_____

_____

_____

9. Tito 2:3-5 describe un ministerio importante de las mujeres mayores. ¿Cuál es y por qué es importante?

_____

_____

_____

¿Se lleva a cabo este ministerio hoy en día? Explique.

_____

_____

_____

10. ¿Pone responsabilidad sobre los hombres 1 Timoteo 2:12? Explique.

_____

_____

_____

_____

11. ¿Los roles y las relaciones de los hombres y las mujeres según la Biblia difieren del punto de vista de la sociedad? Explique.

_____

_____

_____

_____

_____

Capítulo 6

El Hombre Y El Trabajo

Como vimos en el Capítulo 1 Dios Y El Hombre, una de las responsabilidades de Adán en el huerto del Edén fue la de trabajar. Aparentemente, su trabajo allí era fácil y agradable. Sin embargo, después de que Adán pecó, Dios lo expulsó del huerto y lo mandó a trabajar en las tierras de los alrededores. Además, Génesis 3:17-19 dice que Dios maldijo la tierra haciéndola más difícil de cultivar y como resultado, Adán tuvo que trabajar más duro para proveer para él y su familia.

Nosotros podemos ver claramente que antes tanto como después de que Adán pecó, Dios le dio la responsabilidad de trabajar. Sin embargo, Dios aumentó considerablemente la carga sobre Adán después de que él había pecado.

El juicio que Dios puso sobre Adán se puede ver también como una bendición. Como resultado de la maldición, el hombre sería mucho más desafiado a proveer para sí mismo. Él tendría que superar mayores obstáculos y por lo tanto, necesitaría ser más capaz e ingenioso. Él sería puesto a prueba y obligado a crecer como hombre.

El trabajo es algo que desafía a los hombres. A través del trabajo, los hombres se hacen responsables y desarrollan muchas cualidades importantes que los ayudan a llegar a ser los hombres que Dios designó que sean. A lo largo de la Biblia, los hombres han cumplido con su responsabilidad de trabajar en diversas ocupaciones.

Los siguientes versículos bíblicos observan la responsabilidad del hombre para trabajar y algunas de las ocupaciones de los hombres en la Biblia. Además, los versículos tienen que ver con la actitud y la motivación que un hombre debe de tener en relación al trabajo. Estudie cuidadosamente cada versículo de la Biblia y conteste las preguntas.

1. ¿Qué hizo Dios durante los primeros seis días de la creación en Génesis 2:1-3?

_____

_____

_____

2. Lea Éxodo 20:8-11. Este mandamiento tiene dos partes. Por lo general, nos enfocamos en lo que no debemos hacer, sin embargo, ¿qué dice este mandamiento que debemos hacer?

_____

_____

_____

3. Explique en sus propias palabras el significado de 1 Tesalonicenses 4:11-12.

_____

_____

_____

_____

_____

4. En 2 Tesalonicenses 3:10-12, está escrito un mandamiento estricto respecto a cualquiera que no quiere trabajar. ¿Cuándo se debe aplicar este mandamiento y cuándo no se debe aplicar?

_____

_____

_____

_____

5. ¿Cómo se describe el trabajo en Eclesiastés 3:12-13?

_____

_____

6. ¿Cuáles beneficios obtiene el hombre trabajador en Eclesiastés 5:12?

_____

_____

7. ¿Cuál fue la actitud de la gente en Nehemías 4:6?

_____

_____

8. Nosotros podemos tener la motivación equivocada para trabajar. ¿Cuáles son algunas motivaciones equivocadas descritas en los siguientes versículos?

Eclesiastés 4:4 _____

_____

Eclesiastés 6:7 _____

_____

9. Los siguientes versículos mencionan algunas ocupaciones de los hombres en la Biblia. Escriba cuales son.

Génesis 4:2 _____

_____

Éxodo 35:35 _____

_____

1 Crónicas 9:33 _____

1 Crónicas 22:15 _____

_____

Jonás 1:5 _____

Mateo 9:9 _____

Marcos 1:16 _____

Hechos 18:2-3 _____

Colosenses 4:14 _____

Tito 3:13 _____

10. Compare Proverbios 10:4 y 22:29. ¿Qué se puede aprender de estos versículos?

_____

_____

_____

_____

_____

_____

11. Colosenses 3:23-24 nos enseña la motivación principal que debemos tener al hacer nuestro trabajo. Explique estos versículos en sus propias palabras.

_____

_____

_____

_____

_____

_____

12. ¿Cuál es su motivación y actitud con respecto al trabajo?

_____
_____
_____
_____
_____
_____
_____

13. ¿Está usted cumpliendo como hombre con su responsabilidad de trabajar? Explique.

_____
_____
_____
_____
_____
_____
_____

Capítulo 7

El Hombre Y La Sabiduría

Desde los días de Adán y Eva, la sabiduría ha sido deseada y buscada. Génesis 3:6 dice que Eva deseó el fruto del árbol del conocimiento del bien y del mal porque ella vio "que el árbol era bueno para comer, y que era agradable a los ojos, y árbol codiciable para alcanzar la sabiduría." Por lo tanto, Eva tomó del fruto y lo comió. También, ella le dio el fruto a Adán y él lo comió. Lamentablemente, Adán y Eva escucharon las mentiras de Satanás en lugar de la sabiduría de Dios.

A lo largo de la Biblia, los hombres son instruidos a ser sabios. Innumerables hombres han llegado a la ruina por la falta de sabiduría en sus decisiones y en su conducta. Una de las cosas más importantes que un hombre debe poseer es la sabiduría. En Proverbios 4:5-7, el maestro le enfatiza a su alumno, "Adquiere sabiduría...Sabiduría ante todo; adquiere sabiduría."

La sabiduría ha sido una cualidad verdaderamente apreciada por los hombres. La gente viajó largas distancias para escuchar la sabiduría del rey Salomón. Grandes multitudes siguieron a Cristo para escuchar la sabiduría de su enseñanza, y una congregación en el libro de Hechos eligió a Esteban y a otros seis porque ellos estaban llenos de sabiduría.

Aunque parece que Dios da más sabiduría a unos hombres que a otros, Él promete dar sabiduría generosamente a todo aquel que se la pida. La sabiduría es una cualidad esencial para llegar a ser los hombres que Dios designó que seamos. Quizás no hay peor ofensa para un hombre que ser considerado necio. Por lo tanto, vamos a poner atención a las escrituras y ser hombres sabios.

Los siguientes versículos observan algunos hombres sabios y algunos hombres necios en la Biblia. Además, estos versículos examinan algunos de los mandamientos en la Biblia para que seamos sabios. Considere cuidadosamente cada versículo de la Biblia y conteste las preguntas.

1. Lea Proverbios 8:32-36.

¿Cuáles instrucciones se dan en los versículos 32-33?

_____
_____
_____
_____
_____

¿Cuáles son los resultados de obedecer estas instrucciones en los versículos 34-35?

_____
_____
_____
_____

¿De qué manera describe el versículo 36 a alguien que no busca la sabiduría?

_____
_____
_____
_____

2. Explique en sus propias palabras Proverbios 9:7-9.

_____

_____

_____

_____

_____

3. ¿Qué clase de hombre tiene poca esperanza de ser sabio en Proverbios 26:12?

_____

_____

4. Los hombres en los siguientes versículos demuestran algún tipo de sabiduría o habilidad especial. Escriba específicamente de qué manera fueron sabios.

Los asistentes de Moisés, Éxodo 18:25-26 _____

_____

Samuel, 1 Samuel 3:19 _____

_____

Los hombres de Isacar, 1 Crónicas 12:32 _____

_____

Los sabios del rey, Ester 1:13-15 _____

_____

Daniel, Daniel 1:17 _____

_____

Los Magos, Mateo 2:1-2 _____

_____

5. José tenía una gran sabiduría. ¿Qué tan lejos lo llevó la sabiduría en Génesis 41:39-46?

_____

_____

_____

_____

_____

_____

_____

6. El hombre sabio y el hombre necio frecuentemente son comparados en la Biblia. De los siguientes versículos de la Biblia, escriba en la columna correcta, las diferencias entre el hombre sabio y el hombre necio.

Hombre Sabio   **Hombre Necio**

_____   _____

_____   _____

Proverbios 3:35

_____   _____

_____   _____

Proverbios 10:1

_____   _____

_____   _____

Proverbios 10:14

_____   _____

_____   _____

Proverbios 12:15

_____   _____

_____   _____

Proverbios 13:20

Hombre Sabio	Hombre Necio
Proverbios 14:16	
Proverbios 15:2	
Proverbios 29:11	
Eclesiastés 7:4	
Eclesiastés 10:2	
Eclesiastés 10:12	

Examine brevemente las columnas del hombre sabio y del hombre necio. Escriba sus comentarios o sus observaciones.

_____

_____

_____

_____

_____

_____

_____

7. Lea Mateo 7:24-27.

¿Con quién compara Cristo al hombre prudente?

_____

_____

_____

¿Con quién compara Cristo al hombre insensato?

_____

_____

_____

8. ¿Qué nos aconseja Efesios 5:15?

_____

_____

9. ¿Cuál es el reproche del apóstol Pablo a la iglesia de Corinto en 1 Corintios 6:5?

_____

_____

10. Marcos 12:28-30 nos manda a amar a Dios de cuatro maneras diferentes. ¿Cuál de estas maneras implica la idea de la sabiduría?

_____

_____

Escriba algunos ejemplos de cómo usted puede aplicar esta parte del mandamiento.

_____

_____

_____

11. Escriba algunos otros hombres sabios u hombres necios de la Biblia.

_____
_____
_____
_____
_____

12. La Biblia tiene un gran énfasis para que el hombre sea sabio. ¿En cuáles áreas de su vida está actuando como un hombre sabio? Explique.

_____
_____
_____
_____
_____
_____
_____
_____
_____
_____

13. ¿En cuáles áreas de su vida necesita actuar más sabiamente? Explique.

Capítulo 8

El Hombre Y Los Músculos

Génesis 1:27 dice que Dios creó al hombre a su imagen y que Él los creó "varón y hembra." Dios ha diseñado y creado maravillosamente el cuerpo humano. Dios ha esculpido cada cuerpo, el masculino tanto como el femenino, de manera única y hermosa. Sin embargo, a pesar de lo maravilloso y lo hermoso del cuerpo humano, la mayoría de los libros cristianos para hombres se basan solamente en los aspectos espirituales del hombre. Sin duda, los aspectos espirituales son los más importantes, pero no debemos ignorar los aspectos físicos.

Las características físicas del hombre y su condición tienen una influencia en como otros lo ven, así como él se ve así mismo. Por ejemplo, la gente frecuentemente considera que los hombres que tienen una voz gruesa o vello en la cara son más masculinos. De manera similar, las personas usualmente están impresionadas por los hombres que son fuertes o poseen un cuerpo musculoso. Incluso, las historias bíblicas favoritas de muchos incluyen a gente como Sansón y Goliat.

Dentro del asunto de los atributos físicos del hombre, el tema de los músculos y la fuerza probablemente es el más controversial. Un hombre que pareció tener una perspectiva correcta sobre este tema fue Jim Elliot, un misionero que fue martirizado en Ecuador. Jim Elliot deseaba servir al Señor con todas sus fuerzas. Mientras asistía a la universidad de Wheaton, formó parte del equipo de lucha grecorromana. En una carta a su madre, él escribió, "Lucho únicamente por el vigor y la coordinación del tono muscular que el cuerpo recibe al ejercitarse, con la finalidad fundamental de presentar como sacrificio vivo un cuerpo útil."[5]

En otra carta, Jim Elliot comentó que el entrenamiento de la lucha grecorromana le ayudó a tener una sensación agradable de no estar flácido mientras que estaba estudiando. Él creía que el ejercicio definitivamente estimulaba el proceso de todo el cuerpo, incluyendo el pensamiento, para estar físicamente más alerta y como el caballo en Job, uno puede regocijarse en su fuerza.[6]

Las siguientes preguntas tratan de las características físicas del hombre y su condición. La mayoría de las preguntas tienen que ver con el tema de los músculos y la fuerza. La palabra "fuerza" que se utiliza en muchos de los versículos de la Biblia probablemente tiene un significado más amplio no solo de fuerza, sino de la condición física en general. Para ayudarle a desarrollar una visión equilibrada y bíblica sobre los aspectos físicos del hombre, lea cuidadosamente los versículos bíblicos y responda a las preguntas.

1. ¿Cómo ve el rey David al cuerpo humano en Salmos 139:13-14?

_____

_____

_____

2. ¿Cuáles diferencias se pueden observar entre los dos hermanos en Génesis 25:23-27 y 27:11?

_____

_____

_____

3. En Cantares 5:10-16, la esposa utiliza un lenguaje figurativo para describir de una manera impresionante la apariencia física de su esposo. Escriba en sus propias palabras su interpretación de la apariencia de este hombre.

_____

_____

_____

4. La familia de Obed-edom tenía buena condición física. ¿Cómo los describen en 1 Crónicas 26:8?

_____

_____

5. En 1 Crónicas 12:1-2 y 12:8, se describen algunos de los "valientes" del rey David. Es obvio que ellos estaban dotados atléticamente, pero lo más probable es que también entrenaron mucho. ¿Cuáles fueron algunas de sus habilidades?

_____

_____

_____

6. En Zacarías 8:9 y 8:13, Dios exhorta a la gente que sean fuertes en su trabajo para reconstruir el templo. ¿Qué frase Él repite en ambos versículos?

_____

_____

7. Explique Proverbios 20:29 en sus propias palabras.

_____

_____

_____

8. En el Salmo 88:4, el salmista describe sus sentimientos de desesperanza diciendo que se ha vuelto como un hombre sin ¿qué?

_____

_____

¿Esto parece serio? Explique.

_____

_____

_____

9. En Josué 14:10-13, este hombre mayor aparentemente estaba en muy buena forma. ¿Cómo se describe así mismo?

_____

_____

10. En Salmo 18:32-34 y 18:39, el rey David habla de su fuerza. ¿Es diferente su actitud en comparación con la actitud de la mayoría de los hombres con respecto a la fuerza? Explique.

_____

_____

_____

_____

_____

11. ¿1 Timoteo 4:8 está en contra del ejercicio? Explique.

_____

_____

_____

_____

12. ¿De qué tema trata Eclesiastés 10:17 que se refiere a nuestra condición física y fuerza?

_____

_____

¿Cuál es la actitud de los príncipes con respecto a este tema?

_____

_____

13. Explique su punto de vista sobre los atributos físicos del hombre.

_____

_____

_____

_____

_____

_____

_____

Capítulo 9

El Hombre Y El Matrimonio

El matrimonio es un tema vital que todos los hombres necesitan entender. El hombre soltero tiene que entender el matrimonio por lo menos por tres razones. En primer lugar, el hombre soltero debe prepararse así mismo para el matrimonio en caso de que él se case. En segundo lugar, el hombre soltero se relacionará con parejas casadas, por lo tanto, él necesita tener un entendimiento de esta relación importante. A lo mejor, una situación se puede presentar en la cual él necesitará aconsejar a un matrimonio. En tercer lugar, el hombre soltero tiene que entender el matrimonio porque la Biblia frecuentemente utiliza la relación matrimonial como una ilustración para ayudarnos a entender otros temas importantes. Por ejemplo, la Biblia describe la relación entre Jesucristo y la iglesia como un matrimonio.

El hombre casado además tiene la responsabilidad de entender el tema del matrimonio porque él está realmente en una relación matrimonial. En 1 Pedro 3:7, la Biblia instruye a los esposos que vivan con sus esposas "sabiamente." Al aprender acerca de la relación matrimonial, el hombre casado podrá entender mejor a su esposa y cumplir con su papel como esposo.

Aunque el matrimonio es un tema importante que los hombres necesitan entender, la mayoría de los hombres invierten muy poco tiempo tratando de aprender acerca del matrimonio. Los hombres solteros por lo regular piensan que van a aprender del matrimonio cuando se casen. Los hombres casados usualmente asumen que están aprendiendo del matrimonio simplemente porque están casados. Ambos puntos de vista están equivocados. Antes de que un hombre se case, debe comenzar a aprender del matrimonio. Después de que un hombre se casa, él necesita comprometerse a entender la relación matrimonial, y si el hombre nunca se casa, de todas maneras, él necesita entender esta relación importante.

Las siguientes preguntas tienen que ver con algunos conceptos claves del matrimonio. Estudie cuidadosamente cada versículo bíblico y conteste las preguntas.

1. ¿Cuáles principios acerca del matrimonio se encuentran en Génesis 2:22-25?

___

___

___

___

___

___

2. ¿Qué mandamiento les da Deuteronomio 24:5 a los recién casados?

___

___

___

¿Cuáles principios se pueden aprender de este mandamiento?

___

___

___

3. ¿Cómo debe ser visto el matrimonio según Hebreos 13:4?

_____
_____
_____
_____

4. Un equilibrio importante entre lo físico y lo espiritual se enfatiza en 1 Corintios 7:3-6. ¿Porque es importante este equilibrio?

_____
_____
_____
_____
_____

5. ¿Qué dice el apóstol Pablo acerca de ser soltero en 1 Corintios 7:7-9?

_____
_____
_____

6. Lea Efesios 5:22-33. Explique cómo ponen estos versículos responsabilidad en:

Las mujeres

_____
_____
_____
_____
_____

Los hombres

_____
_____
_____
_____
_____

Escriba algunas maneras prácticas en que los maridos pueden aplicar Efesios 5:25-33.

_____
_____
_____
_____

7. En Isaías 54:5-6, el Señor describe la relación con su pueblo. ¿Cuáles palabras se utilizan que se refieren al matrimonio?

_____

_____

8. En 2 Corintios 11:2, el apóstol Pablo describe la relación de Cristo y los creyentes. ¿Cuáles palabras se utilizan que se refieren al matrimonio?

_____

_____

9. ¿Cuáles principios pueden aplicarse a la relación entre marido y mujer basados en la relación de Dios con su pueblo?

_____

_____

_____

_____

_____

_____

10. ¿Qué instrucción les da Efesios 6:4 a los padres?

_____
_____
_____

Escriba algunas maneras prácticas en como los padres pueden aplicar la instrucción de Efesios 6:4.

_____
_____
_____
_____
_____
_____

11. Explique el impacto que una esposa puede tener sobre su esposo según Proverbios 12:4.

_____
_____
_____
_____
_____

12. Lea Marcos 12:18-25.

¿Por qué los saduceos estaban equivocados en el versículo 24?

_____

_____

_____

¿Qué es lo que no entienden los saduceos del matrimonio en el versículo 25?

_____

_____

_____

13. ¿Ve usted alguna diferencia entre la enseñanza bíblica del matrimonio y la idea que tiene la sociedad? Explique.

_____

_____

_____

_____

_____

_____

14. ¿Cuáles son algunas maneras en que usted puede aprender más sobre el tema del matrimonio?

Capítulo 10

El Hombre Y La Vida Espiritual

En los primeros dos capítulos de Génesis, podemos ver que Dios y el hombre compartían una relación hermosa, sin embargo, esta relación, se rompió cuando Adán y Eva pecaron. Génesis 3:8 dice que cuando Adán y Eva escucharon a Dios caminando en el huerto se escondieron de su presencia. Génesis 3:9 enseña el deseo profundo de Dios de tener compañerismo con el hombre cuando Él le llama a Adán, "¿Donde estás tú?" En estos versículos, vemos a Dios buscando a Adán, pero Adán por causa de su pecado está separado de Dios. A lo largo de los siglos, vemos lo mismo, Dios desea tener una relación con el hombre, pero el hombre por causa de su pecado está separado de Dios.

En 1 Corintios 3:1-3, el apóstol Pablo compara a los creyentes de Corinto con los hombres que no tienen ninguna relación con Dios explicando que no podía hablarles como a hombres espirituales, sino como a hombres carnales. Las palabras del apóstol Pablo indican que debemos ser más que hombres de carne y hueso. Dios quiere que seamos más que meros hombres. Él quiere que seamos hombres espirituales. Dios desea que seamos santos y que tengamos compañerismo con Él. El profeta Miqueas declara lo que Dios requiere del hombre: "solamente hacer justicia, y amar misericordia, y humillarte ante tu Dios" (Miqueas 6:8).

A lo largo de la Biblia, es claro que para que el hombre sea lo que Dios designó que él fuera, él necesita tener una relación personal con Dios. Las siguientes preguntas muestran el deseo de Dios para que seamos hombres espirituales y nos enseñan a algunos hombres espirituales de la Biblia.

1. ¿Cómo se expresa el deseo de Dios de tener una relación con el hombre según Jeremías 31:33-34?

_____

_____

_____

2. Isaías 43:6-7 dice que los hombres y las mujeres espirituales son hijos e hijas de Dios y llamados por su nombre. ¿Qué propósito cumplen ellos?

_____

_____

_____

3. La Biblia menciona muchos hombres espirituales. De los siguientes versículos, escriba el nombre de cada hombre y como él es descrito.

Job 1:8 _____

_____

Mateo 1:19 _____

_____

Marcos 6:20 _____

_____

Lucas 2:25 _____

_____

_____

Lucas 23:50 _____
_____

2 Pedro 2:7-8 _____
_____

4. Lea Génesis 6:5-9.

¿Cómo era el hombre según el versículo 5?

_____
_____
_____

¿Cuál era el sentimiento de Dios sobre el hombre en el versículo 6?

_____
_____
_____

¿Qué intenta hacer Dios en el versículo 7?

_____
_____
_____

¿Qué dice el versículo 8 acerca de Noé?

_____

_____

¿Cómo se describe a Noé en el versículo 9?

_____

_____

5. Basado en Eclesiastés 7:29, explique en sus propias palabras la intención de Dios para con el hombre y como el hombre ha ido en contra de ella.

_____

_____

_____

_____

6. Lea Salmos 119:9-11.

¿Qué respuesta se le da a la pregunta en el versículo 9?

_____

_____

¿Cómo es obediente el joven en el versículo 11?

_____
_____
_____

La pregunta se hace con respecto a un joven. ¿Cree que hay alguna razón especial para esto? Explique.

_____
_____
_____
_____

7. Después de examinar el significado de la vida, el autor de Eclesiastés llega a una conclusión importante. Explique en sus propias palabras lo que él dice en Eclesiastés 12:13-14.

_____
_____
_____
_____
_____

8. Josué fue un hombre espiritual. ¿Cuáles palabras claves le repite Dios a él en Josué 1:6-9?

_____
_____
_____
_____

¿Qué tan constante fue la meditación de Josué en el libro de la ley de Dios?

_____
_____

9. El rey David y el apóstol Pablo fueron hombres espirituales. Compare el mandamiento del rey David en 1 Reyes 2:2-3 con el mandamiento del apóstol Pablo en 1 Corintios 16:13. ¿Cómo son similares estos mandamientos?

_____
_____
_____
_____
_____

10. Los mandamientos del rey David y del apóstol Pablo son similares al mandamiento que Dios le dio a Josué. ¿Cómo enfatizan estos tres mandamientos que el hombre debe tener una relación con Dios?

_____

_____

_____

_____

_____

_____

11. ¿Cómo se compara el punto de vista de la sociedad con la enseñanza de la Biblia sobre el hombre y su vida espiritual?

_____

_____

_____

_____

_____

_____

12. Si el hombre no tiene una relación personal con Dios, él no es lo que Dios designó que él fuera. ¿Tiene usted una relación personal con Dios? Explique.

_____

_____

_____

_____

_____

_____

_____

_____

Si desea más información acerca de cómo tener una relación personal con Dios, por favor póngase en contacto con nosotros. Si este libro ha sido de su agrado, por favor le pedimos que lo recomiende a sus amigos. Muchas gracias.

Abidan

Editorial de Libros Educativos y de Inspiración

www.abidanbooks.com

Bibliografía

1. Smith, Ken G. *Learning To Be A Man* [Aprendiendo a ser un hombre]. Downers Grove, IL: Inter-Varsity Press, 1970, Contraportada

2. Halverson, Richard *Man To Man* [Hombre a hombre]. Los Angeles, CA: Cowman Publications, January 1961, p. 15

3. Spurgeon, Charles H. *The Saint And His Saviour: The Progress Of The Soul In The Knowledge Of Jesus* [El santo y su Salvador: el progreso del alma en el conocimiento de Jesus]. Nueva York, NY: Sheldon, Blakeman & Co., 1858, p. 193

4. Hillis, Don W. *Live With Yourself...And Like It* [Vivir consigo mismo...y que le guste]. Wheaton, IL: Victor Books, 1972, pp. 28-29

5. Elliot, Elisabeth *Portales de Esplendor* [Through Gates Of Splendor]. Grand Rapids, MI: Editorial Portavoz, 1959, p. 16

6. Elliot, Elisabeth *Shadow Of The Almighty* [La Sombra Del Todopoderoso]. San Francisco, CA: Harper & Row, 1979, p. 42

Notas

Made in the USA
Monee, IL
09 April 2024